NOTICE

SUR

HENRY PASCALIS

NOTICE

SUR

HENRY PASCALIS

AVOCAT A LA COUR D'APPEL, DOCTEUR EN DROIT

Né à Bougival le 30 août 1857, mort à Paris le 16 juin 1887

LUE A LA SÉANCE DE RENTRÉE DE LA CONFÉRENCE BECCARIA

LE 14 NOVEMBRE 1887

PAR

GEORGES DE SÉGOGNE

Avocat à la Cour d'Appel, Docteur en droit.

IMPRIMÉ AUX FRAIS DE LA CONFÉRENCE

PARIS

ALCAN-LÉVY, IMPRIMEUR DE L'ORDRE DES AVOCATS
24, rue Chauchat, 24

1887

NOTICE

SUR

HENRY PASCALIS

MESSIEURS,

Celui qui fait l'objet de cette notice était si modeste, si éloigné du bruit et de l'ostentation, qu'il se serait peut-être effrayé par avance d'un hommage public. D'une nature simple et droite, faisant le bien par vocation autant que par habitude, Henry Pascalis n'aurait pas cru que sa vie, si courte et si calme, méritât d'être louée.

Mais nous qui fûmes ses confrères et ses amis, qui avons assisté à l'épanouissement de son intelligence, admiré la sérénité de son âme, éprouvé la bonté de son cœur, nous surtout qui avons goûté le charme exquis de son intimité, nous ne laisserons pas la mort s'emparer de cette chère mémoire. Aussi bien la fière modestie d'Henry Pascalis n'aura pas à s'offenser du simple récit que je vais faire.

Henry Pascalis est né le 30 août 1857, à Bougival, dans la propriété de son grand-père, le Président Pascalis, qui eut l'honneur de siéger pendant plus de trente années à la Cour de cassation, où il devint Président de la chambre civile.

Le père de notre ami, porté par ses tendances naturelles vers les études administratives, entra très jeune au Conseil d'Etat, en 1842.

Bientôt remarqué, il était, dès 1848, maître des requêtes. Conseiller d'Etat en 1865, il cessa provisoirement de faire partie de ce grand corps en 1870. L'Assemblée nationale lui rendit son siège. Mais, en 1878, le gouvernement le lui retira de nouveau. Il eut l'honneur de quitter le Conseil en même temps que MM. Groualle, Aucoc, David et tant d'autres

Je ne puis, Messieurs, malgré la réserve qui m'est imposée, vous parler de la famille de notre confrère, sans vous faire entrevoir le charme de cet intérieur incomparable. Ceux qui ont eu le bonheur de le fréquenter savent avec quelle grâce affable M. et Mme Pascalis les ont reçus; ils se rappellent, non sans émotion, l'air bienveillant, le sourire aimable, les paroles affectueuses qui les accueillaient au seuil de cette hospitalière demeure où tout respirait l'union, la simplicité, la bonté, la distinction.

Jusqu'au fatal accident qui l'a ravi à notre affection, Henry Pascalis a vécu entouré de ses parents, et comme nourri de leur tendresse et de leur exemple. Une éducation si parfaite devait porter ses fruits. Henry Pascalis, entré comme externe au lycée Bonaparte (aujourd'hui Condorcet), s'y fit remarquer par une intelligence élevée, un travail constant, un caractère aimable et sûr. Il eut de brillants succès, et, malgré ces succès mêmes, il ne se fit que des amis.

Très jeune encore, Henry Pascalis commença son droit. A vingt et un ans il était licencié après avoir passé d'excellents examens. A vingt-trois ans et demi, il passait avec plus de succès encore sa thèse de doctorat Il avait choisi deux sujets de droit public et administratif : le régime des travaux publics, en droit romain; la détermination et la délimitation du domaine public en matière de routes et de chemins, en droit français. Ceux d'entre vous, Messieurs, qui ont eu plus particulièrement à étudier le droit administratif, savent quelles difficultés soulèvent toutes les questions qui concernent le domaine public, délimitation, compétence, voies de recours, etc... Essayer de résoudre ces graves problèmes était une tâche rude et quelque peu audacieuse pour un si jeune candidat. Mais Henry Pascalis s'y était de longue date préparé par des études spéciales à l'École des Sciences politiques. Il possédait à fond tous les principes du droit administratif ; la jurisprudence du Conseil d'Etat et du tribunal des conflits, son développement progressif et ses variations lui étaient devenus familiers ; et je ne serai démenti par personne en disant que, de nous tous, il était en cette matière le plus compétent. Aussi, Messieurs, la thèse d'Henry Pascalis est-elle une œuvre remarquable et qui restera. La pensée s'y montre vigoureuse et originale, la doctrine très sûre, le style net et précis. Toutes les questions y sont traitées avec abondance et résolues avec sagacité. Les suffrages qu'a mérités cette thèse suffisent d'ailleurs à son éloge. La Faculté de droit lui a décerné en 1884 une médaille, et MM. Batbie et Aucoc lui ont fait l'honneur, bien rare pour une œuvre de jeunesse, de la citer à plusieurs reprises dans leurs savants ouvrages sur le droit administratif.

Vous devinez, Messieurs, quelle recrue le Conseil d'Etat aurait trouvé dans notre confrère. Lui-même aurait été heureux de suivre la carrière honorée par son père. Malheureusement les circonstances politiques l'obligèrent à renoncer à ce projet. Henry Pascalis, quelque peu dérouté, prit la résolution de chercher un refuge dans le barreau du Conseil d'Etat et de la Cour de cassation. Il eut la bonne fortune d'entrer, comme secrétaire, dans le cabinet d'un avocat éminent, qui unit à la science du jurisconsulte et au talent de l'orateur une bonté peu commune, M. Georges Devin, dont je ne saurais prononcer le nom sans reconnaissance.

Ce que fut cette collaboration, qui dura cinq ans, je puis, Messieurs, vous le dire par expérience. J'ai vu notre confrère à l'œuvre chaque jour ; je l'ai vu, dépouillant les dossiers (besogne ingrate) avec une conscience scrupuleuse, interrogeant la jurisprudence avec un tact parfait, et comme un habile stratégiste, disposant ses moyens d'attaque ou de défense avec un art ingénieux qu'un maître n'aurait pas dépassé. Son jugement, très droit et très fin, discernait les nuances si ténues des affaires avec une rare délicatesse. Que de fois ses collègues lui ont dû la découverte d'un moyen introuvable ou d'un argument qui se dérobait ? Qu'il rédigeât une consultation ou un mémoire, son style était aussi net, aussi sobre qu'élégant. Plusieurs de ses travaux sont des œuvres considérables qui resteront comme des modèles.

En même temps qu'il se préparait au barreau de la Cour suprême par la sévère dialectique des instructions écrites, Henry Pascalis s'exerçait à la parole dans notre Conférence, dont il eut l'honneur d'être deux fois président, et dans la Conférence des secrétaires de la Cour de cassation, qui l'avait choisi, il y a un an, pour son vice-président. Vous vous le rappelez à la barre, Messieurs, discutant avec méthode, argumentant avec vigueur. Sa parole était quelque peu hésitante et timide. On sentait qu'il ne voulait rien avancer au hasard, rien dire qui ne fût exact et précis. Mais aussi comme l'expression était juste, comme elle saisissait l'esprit et emportait la conviction !

Une qualité aussi rare qu'aimable rehaussait le mérite de notre confrère ; c'était une modestie suprême, non pas cette modestie affectée qui quête la louange et n'est qu'une forme de l'orgueil, mais cette modestie sincère et de bon aloi, que donnent une conscience droite et le sentiment de l'insuffisance de nos efforts dans la recherche de la vérité. Certes Henry Pascalis était savant ; et à l'entendre, il n'était qu'un écolier. Il était laborieux, et il se reprochait sa paresse. Il avait l'estime, et, comme on l'a dit (1), jusqu'au respect de ses collègues, et la louange le faisait rougir. Lui, si sincère et si franc, ne dissimulait que ses mérites.

Au contraire, sa bienveillance était parfaite. Toujours il avait une parole aimable à dire, un compliment à décerner, ou un encouragement à donner. Vous vous le rappelez à notre Conférence ; un jeune confrère éprouvait-il un échec, Pascalis savait mieux que personne en adoucir l'amertume. Etait-il témoin d'un heureux début, il y applaudissait le premier et sans réserve.

La tolérance pour les opinions d'autrui n'a jamais été chose banale, surtout en politique et en religion. Elle est une vertu presque introuvable à notre époque troublée par la lutte des partis. Qui l'a mieux possédée que notre ami ? Convaincu qu'un gouvernement fort et même quelque peu autoritaire convenait seul à notre pays, a-t-il jamais apporté dans la discussion, qu'il aimait bien cependant, les arguments haineux et les personnalités blessantes qui sont si souvent le fonds des débats politiques ? Catholique sincère et pratiquant, a-t-il jamais fait sentir à qui que ce fût le poids de ses croyances et de ses actes ? En était-il devenu plus sévère ou moins indulgent ?

Parlerai-je, Messieurs, de l'ami dévoué, serviable, généreux qu'était Henry Pascalis ? Avec quelle franchise il se donnait à ceux qu'il avait choisis, quelle fidélité il leur montrait ! La sûreté de ses relations était proverbiale et vous vous souvenez de l'ardeur qu'il mettait à défendre ou à excuser ses amis. Aussi nous l'aimions tous, nous nous sentions attirés vers ce collègue d'élite, et nous étions heureux et fiers qu'il daignât nous donner place en son amitié.

Hélas ! tant de vertus et de talents, unis à tant de jeunesse, n'ont pas trouvé grâce devant la mort.

------

(1) Discours de M. Saige, président de la Conférence de la Cour de Cassation, sur la tombe d'Henry Pascalis, le 20 juin 1887.

Dans l'après-midi du 13 mars dernier, Henry Pascalis montait à cheval. C'était un dimanche. De nombreuses voitures se croisaient dans l'avenue du Bois de Boulogne. Le cheval, un peu ombrageux, s'effraye et après une course désordonnée, heurte son cavalier contre le brancard d'une voiture. Notre pauvre ami tombe la jambe brisée et déchirée. On s'empresse autour de lui, on le porte sur un banc, et dans la foule se rencontre un chirurgien distingué. C'était le salut, croyions-nous alors. Avec quelle résignation et quel courage notre blessé supporta la réduction de sa fracture, ceux qui en furent les témoins désolés nous l'ont dit et ne l'oublieront pas.

Au milieu de ses souffrances, Henry Pascalis était dominé par la pensée de ses malheureux parents qui l'avaient vu sortir plein de santé et qui allaient le retrouver en un si lamentable état.

Nous l'avons vu, Messieurs, le lendemain et les jours suivants. La fièvre n'était pas venue ; la douleur était supportable (il le disait du moins). Toute crainte paraissait dissipée. Nous ne doutions pas que la jeunesse et les soins dévoués des parents les plus tendres ne triomphassent du mal. Quelque temps de repos et notre ami nous reviendrait.

Près de trois mois s'écoulèrent ainsi. L'amélioration s'était accentuée. Déjà le cher blessé se levait et essayait quelques pas. Il avait retrouvé sa gaieté et nous recommencions à goûter le charme exquis de ses relations, lorsque soudain un mal nouveau éclate. La fièvre se déclare, le sommeil se perd, une vive éruption se manifeste sur la jambe malade. Aux questions que les parents inquiets adressent aux médecins, ceux-ci répondent : « Ce n'est rien. Dans quelques jours, tout aura disparu. » Fatal aveuglement ! La semaine s'écoule et le mal est toujours là. Tout à coup, le 14 juin, après la consultation presque rassurante d'un prince de la science, des symptômes graves apparaissent. Henry Pascalis se sent perdu. Avec une sorte d'intuition, il comprend que Dieu lui demande le sacrifice de la vie, et aussitôt, brisé mais résigné, il se tourne vers lui et demande un prêtre.

Ses parents accourus ne pouvaient croire encore au danger. Ils l'entourent de soins et de tendresses. Hélas! tout était inutile, le mal intérieur avait fait son œuvre. L'âme seule demeurait intacte, pleine de foi et de résignation chrétienne, consolant ceux qui pleuraient.

Le 16 juin, la mort eut sa proie.

La mort d'Henry Pascalis excita un étonnement et une pitié universels. On plaignait sa jeunesse et ses parents inconsolables. On vantait ses talents, on admirait son courage. On déplorait le fatal accident qui anéantissait tant d'espérances.

Aussi la foule qui se pressait le 20 juin dans l'église Sainte-Clotilde n'était pas cette foule banale et ingrate que les convenances du monde réunissent si souvent autour des défunts. Parmi les assistants, beaucoup avaient des larmes dans les yeux, et nul n'était sans éprouver un intime serrement de cœur et une poignante émotion. Funérailles touchantes, dont le souvenir ne nous quittera pas, et qui proclament mieux que ma faible voix les vertus de notre confrère et les trésors de son amitié!

GEORGES DE **SÉGOGNE**,
Avocat à la Cour d'Appel, Docteur en Droit.

Paris. — Alcan-Lévy, imprimeur de l'Ordre des Avocats.

9 782329 339245